NOTES

SUR

QUELQUES RUINES ROMAINES

DE LA

SUBDIVISION DU KEF (TUNISIE)

RAPPORT

Présenté à l'Académie des Inscriptions et Belles-Lettres

PAR

LE SOUS-LIEUTENANT ESPÉRANDIEU

du 77ᵉ Régiment d'Infanterie

PARIS

IMPRIMERIE ET LIBRAIRIE LOUIS LARGUIER

11, rue du Delta, 11

—

1883

NOTES
SUR QUELQUES RUINES ROMAINES
de la
SUBDIVISION DU KEF (TUNISIE)

NOTES

SUR

QUELQUES RUINES ROMAINES

DE LA

SUBDIVISION DU KEF (TUNISIE)

RAPPORT

Présenté à l'Académie des Inscriptions et Belles-Lettres

PAR

LE SOUS-LIEUTENANT ESPERANDIEU

du 77ᵉ Régiment d'Infanterie

PARIS
IMPRIMERIE ET LIBRAIRIE LOUIS LARGUIER
11, rue du Delta, 11

1883

Les erreurs suivantes, que nous prions de vouloir bien rectifier, se sont glissées dans l'impression :

Page 7 *Croquis* au lieu de Bordj Debbick lire Bordj Debbiche.
     d°   Kef Mouetta   d°   Kef Mouella.
     d°   Khanguet Ksour d° Khanguet-ès-Sour
 Triangle au dessus de Kalaa ès Senam, mettre Dj-Slata.
Page 8 *Croquis* au lieu de Oued Zanfourd lire Oued Zanfour.
     d°   pour 7 mètres   d°   pour 5 mètres.
Page 11 l. 1re   d°   races   d°   traces.
   l. 13   d° des ruines vers le sud d° vers le sud des
                  [ruines.
Page 14 l. 7 (inscription) au lieu de Pisaniano lire Pisonlano.
   l. 20   d°   ligue   d°   ligne.
Page 18 l. 4 au lieu de Khanguet Ksourd lire Khanguet-es-Sour
Page 19 l. 14   d° commençait ces mots d° commençant par
                  [ces mots.
Page 20 l. 6   d°   caractère   d°   caractères.
Page 26 l. 6   d°   culbique   d°   cubique.
   l. 10   d°   le le   d°   le.
Page 29 l. 1   d°   cet affluents   d°   cet affluent.
 Croquis   d°   R. St Bou Touzzert d° Kouba Sidi bou
                  [Touzzert.
  d°   d°   K. St bous buba d° K. Sidi bous-Baba
Page 31 l. 6   d°   en   d°   est.
 33 l. 13   d°   rencontré   d°   rencontrées.
 40 Croquis   mêmes corrections que page 29.
 47 l. 17 au lieu de Mateur lire Macteur.

Quelques personnes m'ayant manifesté le désir de posséder un certain nombre d'inscriptions romaines que j'avais découvertes en parcourant une assez grande étendue de terrain faisant partie de la subdivision du Kef, je me suis décidé à publier ces inscriptions.

A ces personnes-là, je n'ai pas besoin de dire que je n'apporte *aucune prétention* dans la publication de cette brochure. Je n'ai eu d'autre but que celui de leur être agréable et je me considérerai comme très heureux si j'ai pu réussir.

Plusieurs des inscriptions et des renseignements que j'avais recueillis étant déjà connus et figurant soit au *Corpus*, soit dans l'excellent ouvrage de M. Guérin sur la *Régence de Tunis*, je n'ai pas cru nécessaire de les citer encore. Je me suis attaché à ne donner que des inscriptions et des renseignements inédits, cependant si je cite quelques inscriptions ou quelques renseignements connus, j'espère que l'on voudra bien ne pas m'en faire un crime et considérer que pour ne pas les citer il m'eût fallu compulser les ouvrages et revues parus pendant ces dernières années, travail qu'il m'est complètement impossible de faire en Tunisie.

ESPÉRANDIEU.
Sous-lieutenant au 77e régiment d'infanterie

La Goulette, le 20 avril 1883.

OBSERVATIONS RELATIVES AU CROQUIS DES RUINES

Sur le croquis ci-joint, je ne prétends nullement avoir indiqué l'emplacement exact des henchirs. Je n'ai voulu donner qu'une idée générale, suffisante je crois, de leur répartition sur la partie de la subdivision du Kef qu'il m'a été possible de parcourir.

Quelques-uns peuvent avoir été omis ; d'autres ont échappé à mes recherches, mais, à l'exception de ceux formant l'objet de cette brochure, tous n'ont qu'une étendue fort restreinte.

ABRÉVIATIONS DU PLAN CI-JOINT

H^r *Henchir*, ruines.
Dj *Djebel*, montagne.
O^d *Oued*, rivière.

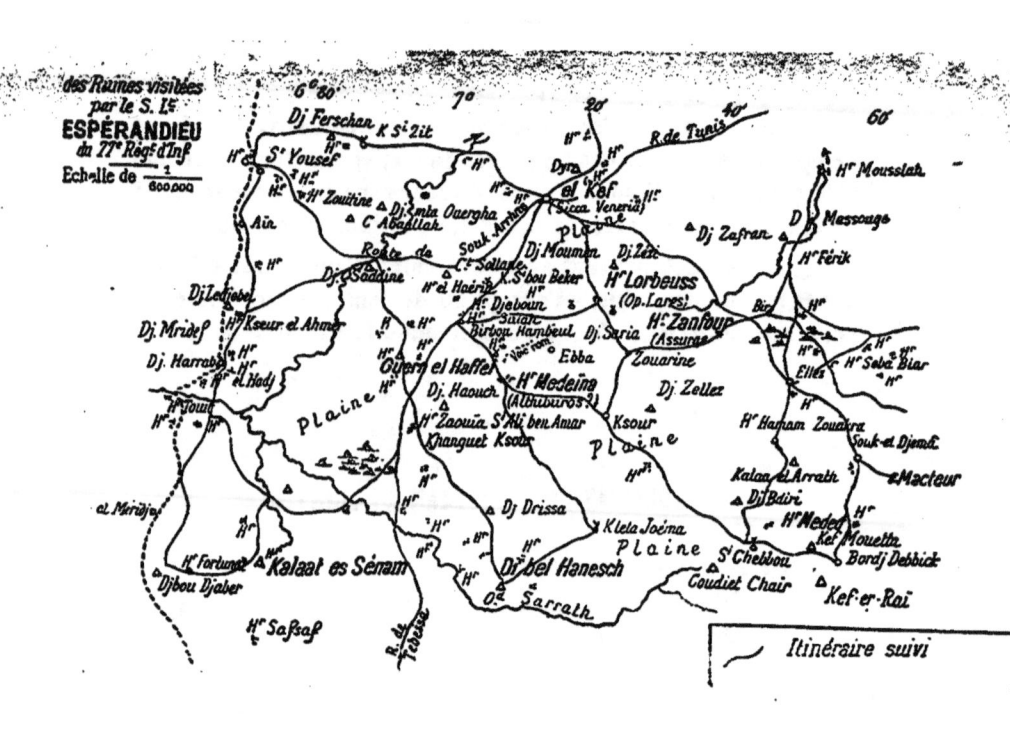

CROQUIS DES RUINES DE ZANFOUR

HENCHIR ZANFOUR

(Ancienne Assuras)

Les ruines de *Zanfour* (ancienne Assuras) sont sur les bords de l'oued Zanfour, à l'endroit où cet oued sort des montagnes pour se répandre et se perdre dans la plaine du Serss. Ces ruines, très importantes, ont été visitées par M. Guérin et décrites dans son ouvrage paru en 1862 (1). Depuis, d'autres archéologues les ont parcourues, les rares inscriptions qui s'y rencontrent sont donc toutes connues, et je me bornerai à donner ici un croquis représentant l'ensemble des ruines.

Avec un peu d'attention il est facile, sur une assez grande étendue du moins, de suivre le mur d'enceinte de la ville. Ce mur ne présente qu'une bien faible épaisseur, ce qui permet de supposer que les fortifications de Zanfour n'ont jamais eu beaucoup d'importance. Il n'existe pas de traces de tours. Le flanquement de l'enceinte était obtenu par une succession d'angles saillants et rentrants. Il est à remarquer que ce genre de fortification se retrouve dans un assez grand nombre d'anciennes villes, à Carthage par exemple. Vers le Sud, les fortifications devaient très probablement suivre les berges de la rivière, et elles devaient être d'autant plus fortes de ce côté que cette rivière se trouve précisément très encaissée. Deux ponts, dont les

---

(1) Voyage archéologique dans la Régence de Tunis exécuté par V. Guérin, ancien membre de l'Ecole Française d'Athènes, 2 vol. H. Plon et Cie.

races subsistent encore, permettaient de passer sur la rive droite de l'oued Zanfour. Il n'existe pas sur cette rive de traces de voie romaine, pas plus que de traces de constructions; la ville d'*Assuras* devait donc se trouver tout entière sur la rive gauche du cours d'eau.

Monsieur Guérin décrit dans son ouvrage (2ᵉ volume, page 88), les principaux monuments dont on remarque les ruines (1).

Le théâtre était adossé au mur d'enceinte de la ville et les voûtes qui donnaient accès aux spectateurs se trouvaient toutes dans l'intérieur de cette enceinte comme il est facile de le constater encore.

J'ai cru remarquer des ruines vers le sud, et, sur les bords de l'oued, un deuxième théâtre beaucoup plus petit et dont il ne reste plus que de bien faibles traces.

Les carrières, d'où paraissent avoir été extraits les matériaux qui ont servi à la construction de la ville, sont aujourd'hui habitées par des Arabes qui y ont dressé leurs tentes.

---

(1) Ces monuments sont : 1° une porte triomphale possédant une très belle inscription donnant le nom de la ville COL. IVL. ASSVRAS; 2° deux autres portes triomphales; 3° la cella d'un temple; 4° un théâtre; 5° deux mausolées; 6° deux enceintes rectangulaires.

HENCHIR HAMMAM ZOUAKRA

On arrive aux ruines de Hammam Zouakra en suivant d'abord la route d'Ellez à Souk-el-Djemaâ et remontant ensuite l'oued Hammam, qui coupe cette route à 3 kilomètres environ d'Ellez.

Les ruines sont situées au pied de la Kalaa-el-Harrath, et sur la rive droite de l'oued.

Hammam Zouakra devait être autrefois une ville assez importante. Deux mausolées et un temple restent seuls debout aujourd'hui. L'un des mausolées est situé dans un bois d'oliviers. On peut voir encore quelques traces du mur d'enceinte de la ville, tout particulièrement sur les bords d'un petit oued qui descend de la Kalaa-el-Harrath et se jette dans l'oued Hammam près du bois d'oliviers.

Sur la rive gauche de l'oued Hammam était une vaste nécropole.

On y remarque un très grand nombre de tombeaux restés intacts. Les parois de ces tombeaux sont formées par d'énormes blocs non taillés.

La seule inscription qu'il m'a été possible de découvrir

en parcourant les ruines est l'inscription tumulaire suivante.

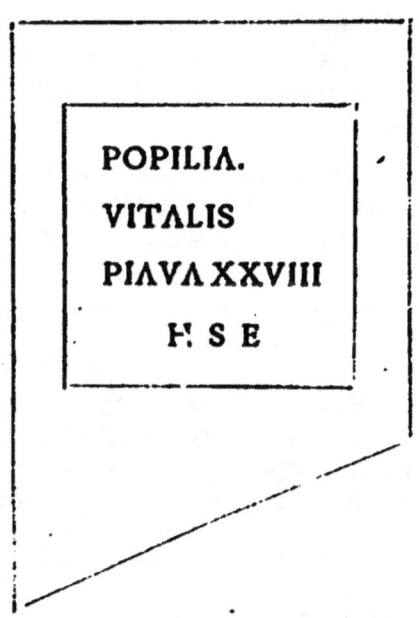

Près du Temple on remarque encore quelques vestiges d'anciennes habitations, et quelques colonnes renversées. L'une d'entr'elles est d'un très beau style corinthien.

Les Arabes ont cherché à utiliser les ruines de ces habitations, et quelques familles logent encore dans de grandes salles souterraines.

HENCHIR MEDED

Les Arabes désignent sous ce nom des ruines d'une importance considérable que l'on rencontre sur le territoire des Ouled-Ayar et sur les bords de l'oued Zouatin, affluent de l'oued Aoud.

Ces ruines ont été visitées et décrites par M. Guérin, (Ier vol., page 398); la seule inscription qui ne soit pas mentionnée dans son ouvrage est la suivante :

```
. . . . . . . . . . . . . . . . . . . . . . .
. . . . . . . . . . . . . . . . .  QVO
VSTREFORMANTVR · CVRIAA SOLOEX
CONTINVIS CONFERENTIBVS VNIVERSIS
· AVR · ARISTOBVLO · C · V · PROCOS AFRICAE
REMP · RVPILIOPISANIANO · E · V · ORDO
 · STANTIBVS CVRIALIBVS VNIVERSIS · D · D ·
```
(Brisure)

Cette inscription se lit sur une pierre blanche parfaitement conservée. Les deux premières lignes ont été martelées. La 7e ligne se trouve en dehors du cartouche.

M. Guérin cite sous le numéro 170 une inscription qui donne également le nom d'ARISTOBVLVS. On lit en effet à la 5e ligne de cette inscription :

A SOLO COEPTAM ET.... P.AVR.ARISTOBVLVS.V.C.
PROCOS. AFRICAE PERINSI.... M MACRONI SOS

Les ruines sont en grande partie envahies aujourd'hui par des cactus.

HENCHIRS DU GUERN-EL-HAFFEI

Autour du massif montagneux du Guern-el-Haffeï, l'on rencontre un assez grand nombre d'henchirs qui, sans présenter une importance bien grande, méritent cependant d'être signalés.

En les parcourant l'on ne trouve guère que des inscriptions tumulaires.

A l'un des henchirs, j'ai fait déterrer un cippe portant l'inscription suivante :

```
    D  S
   M POM
   PEIVS
   CALLVS
   VIXIT
   ANNIS
    LXV
   H S E
```

A un autre henchir j'ai rencontré celle-ci :

D M S	D M s
F . FORT	pOmP
VNAT	ILIVS
VIXIT	VIXIT
ANNI	ANN
S LXX	IS .
	LXXXVI

A un autre les cinq suivantes:

```
D M S
L. VOLV
SSIUS
VIXIT
ANNIS
LVII
```

```
D M S
CALPVRnius
SATVRNINus
VIXIT AN XXX
```

```
d m s        d m s
.........    .........
.........    .........
N A VI       VIXIT
XIT ANN      ANNIS
LXX H S E    LXXI H S E
```

```
D M S
TIBERIVS
CLAVDIVS
MARTIALIS
VIXANXXXVI
H S E
```

```
D M S      D M S
C F V      SCA
VIXIT      VIXIT   (sic)
ANIS       ANIS
LXXII      LXXXV
```

Cette dernière, qui se rapporte à deux personnes différentes, est assez curieuse. Comme l'on ne peut guère admettre que leurs noms ne sont donnés que par leurs initiales, il y a lieu de supposer que ces deux personnes s'appelaient toutes deux C. FVSCA et qu'ayant été enterrées dans un intervalle de temps assez court: on en a profité pour graver une épitaphe qui, de nos jours, s'écrirait comme suit:

```
        DMS
       C · FVSCA
   ┌─────────┬─────────┐
   │ VIXIT   │ VIXIT   │
   │ ANNIS   │ ANNIS   │
   │ LXXII   │ LXXXV   │
   └─────────┴─────────┘
```

Dans un 4ᵉ henchir j'ai relevé l'inscription ci-après se rapportant à un centenaire :

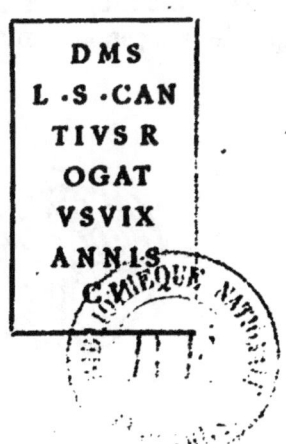

```
   DMS
  L · S · CAN
   TIVS R
   OGAT
   VS VIX
   ANNIS
```

HENCHIR DE LA ZAOUIA DE SIDI-ALI-BEN AMAR

Au pied du Djebel-Haouch et près de l'important point d'eau de Khanguet-Ksourd (défilé du mur) s'étendent d'assez grandes ruines connues sous le nom de la Zaouïa de Sidi-Ali-Ben Amar que l'on y rencontre.

J'ai fait déterrer là une longue pierre présentant dans un cartouche et en caractères de 0ᵐ20 l'inscription :

```
┌─────────────────────┐
│    PROBATIOR        │
└─────────────────────┘
```

J'ai rencontré, en outre, trois fois le monogramme du Christ indiqué de la façon suivante dans un cercle de 0ᵐ09 de rayon.

Enfin j'ai pu lire au bas d'un bloc de pierre creusé pour recevoir une urne funéraire, l'inscription :

FAMILIA SVA

*ici se place
un
cœur*

On remarque encore parmi les ruines qui couvrent le sol, un magnifique puits romain situé tout près de la Zaouïa.

HENCHIR MADJOUBA

Bien que ne figurant pas dans l'ouvrage de M. Guérin, les ruines d'Henchir Madjouba ont dû cependant être visitées, car, en les parcourant, j'ai rencontré des traces de fouilles.

Une très-belle inscription commençait ces mots :

｛NIO FAUSTINOPIE..
｛O POSTUMIANO CV

se rencontre près de ces fouilles.

En parcourant les ruines, j'ai rencontré les fragments suivants :

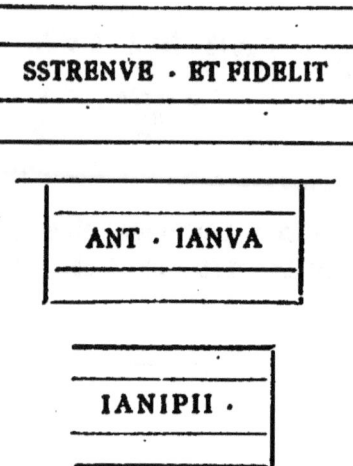

Ces trois fragments sont en caractère de 0ᵐ20 ce qui permet de supposer qu'ils ont dû appartenir à une même inscription.

Il n'en est sans doute pas de même du fragment suivant dont les caractères de la première ligne ont bien également 0ᵐ20 mais ne sont pas disposés dans un cartouche comme les précédents.

```
VGG ·
..ANTO
```

Les caractères de la deuxième ligne sont de beaucoup plus petits.

J'ai rencontré, en outre, les inscriptions tumulaires ci-après :

```
D M S
APPIVS
FORTUNA
TVSVIXIT
ANIS LII
H S E
```

```
D M S
ANTONIA SECVNDINAVIXITAN
NIS XXXVI C · CORNELIVSVIC
TOR CON..............
```

```
DISMANI
SACR
POMPEIATIBE
VIXIT AN XX
HSE.
```

sur un fragment.

Et sur un autre fragment les cinq lettres suivantes en gros caractères :

IVI
E·A

On remarque encore à Henchir Madjouba une très-belle source qui a dû être aménagée par les Romains et qui se déverse par un conduit souterrain dans une succession de bassins encore bien conservés.

Madjouba était construite sur les deux rives d'un petit Oued se rendant dans l'O. Sarrath; quelques constructions subsistent encore, tout particulièrement un mausolée.

HENCHIR MDEINA

En remontant le cours d'un Oued qui porte ce nom, l'on rencontre une succession de ruines qui, très vraisemblement, doivent appartenir à des postes militaires et l'on arrive au remarquable Henchir de Mdeïna.

Parmi les constructions restées encore debout, l'on remarque un assez grand nombre de mausolées, un théâtre, un temple et une porte.

Comme à Henchir Zanfour, le théâtre se trouvait adossé contre le mur d'enceinte de la ville et ses voûtes s'ouvraient toutes vers l'intérieur.

Ce théâtre mesure environ 25 mètres de diamètre, les arcades sur lesquelles reposaient les gradins, disparus aujourd'hui, ont une épaisseur d'environ 1ᵐ40; les galeries circulaires devaient avoir près de 10 mèt. de largeur.

C'est près de là que se rencontre une très-belle inscription donnée par M. Guérin. (II° vol. page 83) et commençant par ces mots :

ET SINGV.....
INTEGRITATIS

Sous l'une des voûtes de ce théâtre, on lit l'inscription tumulaire suivante :

```
DMS
S. FABERIAQF
FELICITAS
vix IT
annis XVI
```

Le bloc sur lequel on remarque l'inscription qui paraît donner le nom de la Ville,

.IVI
. . . .
THIB. RITANVMPEC
DD.P

se trouve près du temple. La pierre a 1ᵐ80 de long et les caractères 0ᵐ08, une ligne paraît avoir été martelée, M. Guérin reconstitue ainsi :

THIB a RITANUM

l'ancien nom de Mdeïna. J'ai cru lire :

THIB u RITANUM

Le bloc sur lequel se trouve cette inscription, est affreusement mutilé sur ses bords, et il est fort probable que le mot *Thiburitanum* est incomplet.

Près de là, j'ai rencontré sur un bloc cubique et en caractères de 0ᵐ13 les deux lignes,

VICTO
...SE

et le le fragment suivant dont les caractères ont 0ᵐ16.

P¡VTraian.
.IMVNICIP†I

Le bloc sur lequel M. Guérin a lu :

NERV
VMAe
eRVc

se trouve également près du temple, les caractères ont 0ᵐ08 de hauteur et le bloc lui-même 0ᵐ35.

En me dirigeant vers la porte triomphale, j'ai rencontré dans le ravin où coule l'Oued Mdeïna le monogramme du Christ indiqué de la façon suivante :

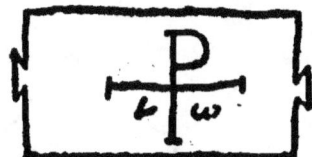

et à quelque distance de là, en remontant le cours de l'Oued et près des ruines d'un pont, un phallus de 0m31 de long très-bien gravé.

Dans un champ de cactus et sur un mur, on peut lire le fragment d'inscription ci-après copié sur un bloc de 2 mèt. de long.

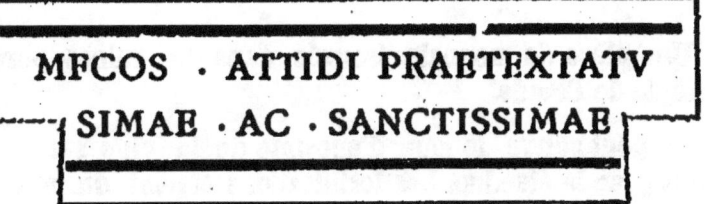

Enfin, en parcourant la petite montagne qui domine Mdeïna et sur laquelle on remarque encore les ruines d'un mausolée, renfermant un fragment épigraphique donné par

M. Guérin, j'ai rencontré deux inscriptions tumulaires très effacées et dont je n'ai pu lire que ce qui suit :

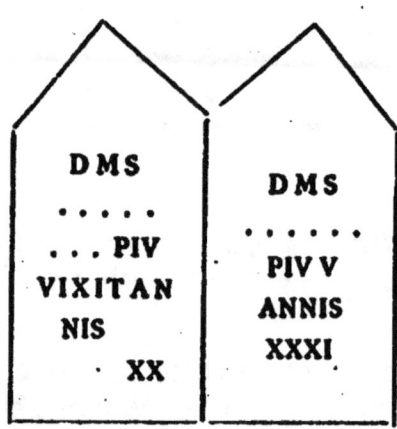

Une pièce de monnaie trouvée dans les ruines porte l'effigie de Claude.

On peut suivre le mur d'enceinte de la Ville sur une assez grande étendue. Les fortifications étaient du même genre que celles de Zanfour.

Toutes les constructions devaient être sur la rive droite de l'Oued Mdeïna et un affluent de cet Oued qui prend sa source à 1,800 mèt. environ dans la montagne, devait les traverser.

Sur les deux rives de cet affluents, il existe encore des traces de quais.

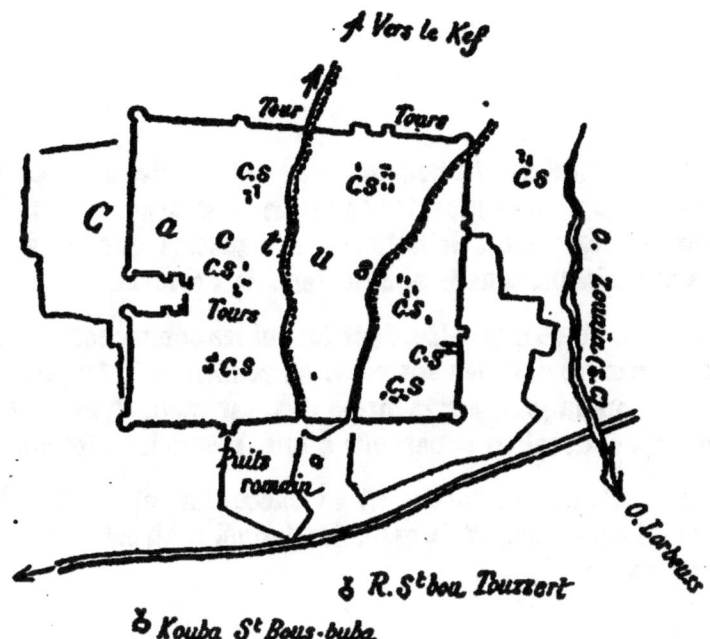

HENCHIR FORTUNAT ET KALAA-ÈS-SENAM

Près de la Kalaa-ès-Senam et sur le territoire des Ouled-bou-Ghanem, on rencontre sur la rive gauche d'un petit ruisseau descendant de la Kalaa un mausolée que les Arabes connaissent sous le nom d'Henchir Fortunat.

Autour de ce mausolée, dont les ruines commencent déjà à se répandre dans les environs, on rencontre 6 fragments qui, si l'on en juge par la forme des caractères que l'on y remarque, devaient appartenir à une même inscription.

Deux d'entr'eux paraissent se raccorder et donner le nom du personnage à la mémoire duquel avait été construit le mausolée.

| C · IVNI · FAVS | *a* | MEMORIA |
| | | NI · POSTVMIANI · CO |

| PANI . . . ET BRITANNIAE IVNI |
| INDVICENTIS |

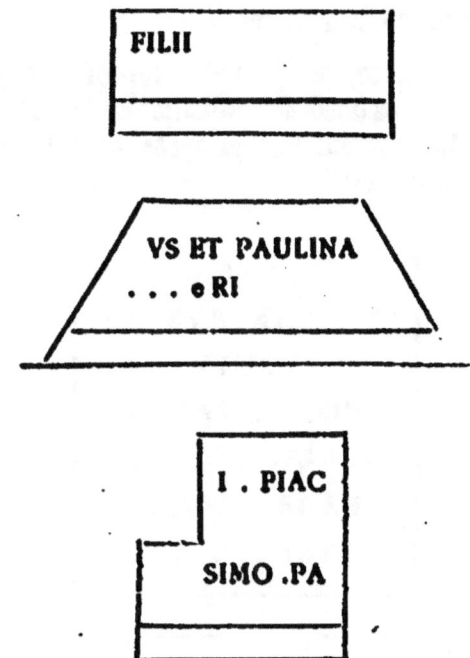

Un 7ᵉ fragment en le suivant :

```
S PRAESIDIS · PROVINCIARV
```

Ce dernier présente des caractères absolument semblables à ceux des fragments précédents et s'il faisait partie de la même inscription qu'eux, comme il ne présente pas de bordure, il faudrait admettre dès lors que l'inscription complète possédait au moins 5 lignes.

Sur la table même de la Kalaa es-Senam existe un village arabe construit avec les ruines d'un poste romain que l'on devait y rencontrer autrefois.

En parcourant ce village ruiné lui-même et ne renfermant que quelques misérables habitants, j'ai découvert les deux inscriptions tumulaires ci-après dont les caractères sont effacés en partie :

```
      DIS
    MANIBVS
     SACRVM
   FORTVNATVS
   TALIS......
   FABR.......
   CONS.......
```

```
     Dis m
   ANIBVS Sac.
    . RASE
   CVNDI ...
    VIXIT
   ANOS LXII
```
(sic)

Les habitants de la Kalaa puisent l'eau qui leur est nécessaire dans de grandes citernes qui sont creusées dans le roc et paraissent être l'œuvre des Romains.

Pour arriver sur le sommet de la Kalaa il faut, sur une hauteur de 100 m. environ, gravir des escaliers creusés dans un rocher à pic.

HENCHIRS DU Dj. HANÈCHE

Près du Djebel-Bel-Hanèche, parmi quelques ruines que l'on rencontre, à droite de la route qui conduit à Ksour, j'ai trouvé l'inscription tumulaire suivante :

MAXIMA · PIA · VIXIT · ANNIS · XXXIII · DELCEVS · ET AQVILINA | GN | G ·LIB ·
FILIAE · PIISSIMAE · ET · SIBIRA PIALVO N . . . . . FECERT | | RT ·

Il y a lieu de remarquer les quatre lettres G.L I B.; Lorsque l'inscription était complète on devait sans doute lire AVG. LIB.

Parmi les nombreuses inscriptions tumulaires que j'ai rencontré, c'est la seule qui parle d'un affranchi. J'ai cru lire le signe suivant 1b après le mot LVC, mais il peut se faire que je me sois trompé. La pierre est en deux fragments.

Sur la même route, une pierre encastrée dans l'un des murs d'une maison arabe ruinée, porte grossièrement sculptée une tête de femme tenant une palme à la main, et au dessous une gazelle et un oiseau.

HENCHIR D'EL HAÉRIA

Les Arabes désignent sous ce nom un henchir d'une

faible étendue qui se trouve sur le territoire des Ouled-Scheren près de l'oued Chemman.

Cet henchir ne paraît avoir été qu'un poste militaire; avec l'aide de quelques Arabes habitant un douar voisin, j'ai réussi à mettre à nu un beau cippe finement sculpté sur deux de ses faces et portant une longue inscription tumulaire malheureusement très effacée.

Je reproduis ici les caractères que j'ai cru lire :

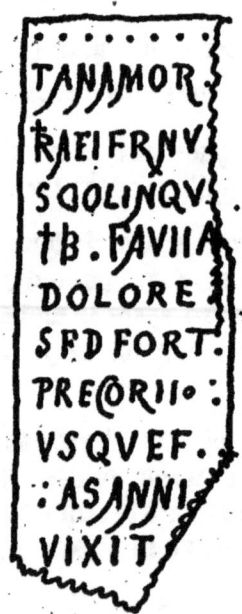

La pierre est pentagonale et a une longueur de 1m70.

A quelque distance, on trouve un deuxième cippe moins bien conservé offrant le même dessin, sur deux de ses faces, et portant également une inscription tumulaire dont on ne distingue plus que les trois dernières lettres

H. S. E,

qui ont une hauteur de 0″08,

HENCHIR TOUIT

Cet henchir, qui occupe une étendue considérable, se rencontre sur le territoire algérien près de l'oued Mellegue et à l'endroit même où l'oued pénètre en Tunisie.

Parmi les constructions qui subsistent encore, l'on remarque quelques colonnes restées debout, à l'intérieur d'un temple dont il ne reste plus que quelques pans de murs d'une bien faible hauteur.

Les seules inscriptions qu'il m'a été possible de rencontrer, sont toutes des inscriptions tumulaires généralement très effacées. Les voici :

```
    d m S
  ... LVS
  STAFLO
  RA · M · FILI
  A VIXIT AN
  NISNLXX
```

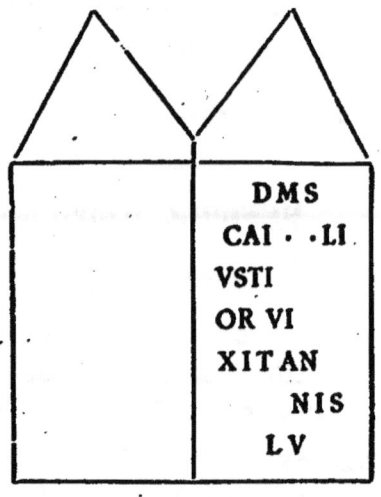

```
            DMS
          CAI · ·LI
            VSTI
           OR VI
          XIT AN
             NIS
             LV
```

```
    DMS              D. M. SAC
  VIRIVSLA          RVM. AN
  RICHAVI          NEA VENN
  XIT ANIS          VSTAVI
  LXXXVI           XIT ANS
   H. S. E         LXXXVHSE
```

Cette dernière se rencontre à quelque distance d'henchir Touit dans un petit henchir sur les bords de l'oued Ek-Ksob, affluent de droite de l'oued Mellègue.

HENCHIR KSEUR EL AHMER

ET

HENCHIR ZOUITINE

Cet henchir, situé au pied du Djebel-Ledjebel, figure sur la carte de la Tunisie au $\frac{1}{100.000}$ avec l'indication « Grandes ruines », il n'a en réalité qu'une étendue assez restreinte, et l'on n'y remarque guère qu'un alignement de piliers quadrangulaires de 1ᵐ environ de largeur, sur une hauteur variant entre 2ᵐ et 0ᵐ50ᶜ. Ces piliers qui devaient très probablement supporter une conduite d'eau, viennent aboutir à une construction rectangulaire qui servait sans doute de réservoir.

Je n'ai rencontré aucune inscription en parcourant ces ruines.

Si de cet henchir l'on se dirige vers Sidi-Yusef, l'on rencontre à droite de la route quelques autres ruines qui n'offrent pas non plus grande importance, et l'on arrive à la route du Kef à Souk-Arrhas, sur laquelle devait être construit, près de la chaîne du M'ta-Ouergha un oppidum connu aujourd'hui sous le nom d'*Henchir Zouitine*, et dont il ne reste plus que quelques blocs dispersés.

Sur la route de Souk-Arrhas, l'on rencontre encore avant d'arriver à Sidi-Yusef d'autres petits henchirs que j'ai inutilement parcourus.

A Sidi-Yusef sont d'assez importantes ruines, décrites très probablement déjà. Dans l'oued qui forme la frontière entre le bordj français et le bordj tunisien on remarque l'inscription tumulaire ci-après :

```
DMS . . VEN
ROGATAVIXIT
AN.IX.H.S.E.
   D M S
M. PETRONI
VS . VICTOR
PIUS VIXALVII
   H S E
```

HENCHIR LORBEUSS' OPPIDUM LARÈS

L'henchir Lorbeuss, nom sous lequel les Arabes connaissent aujourd'hui l'ancien *Oppidum Larès*, est situé près d'un oued, même nom, coulant au pied du Djebel-Smiden.

Les ruines sont à 15 kil. environ du Kef. Elles n'ont pas une étendue aussi considérable que celles de Zanfour ou de Mdeïna, mais elles sont peut-être plus intéressantes, grâce aux nombreuses constructions qui restent encore debout.

Les cactus ont envahi complètement les ruines et forment des fourrés qu'il est bien difficile, mais non impossible de traverser.

J'ai parcouru en tous sens l'henchir Lorbeuss. Dans les cactus l'on ne remarque que peu ou point de ruines, mais l'on rencontre de distance en distance des ouvertures assez semblables comme aspect aux silos que creusent les Arabes pour placer leurs récoltes. Je me suis fait descendre à l'aide de cordes dans plusieurs de ces ouvertures et chaque fois je me suis trouvé dans de grandes salles parfaitement conservées. J'ai parcouru un assez grand nombre de ces appartements souterrains, tous renferment des squelettes d'hommes et d'animaux.

CROQUIS DES RUINES DE LORBEUSS

(OPPIDUM LARÉS)

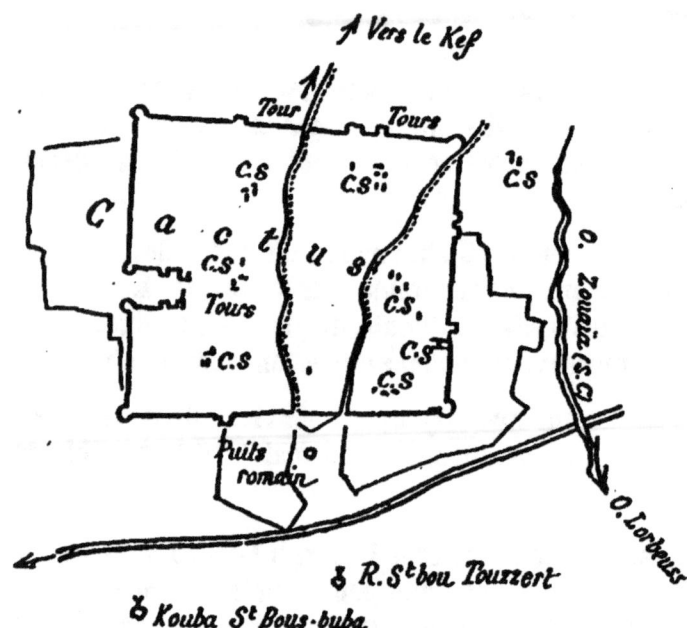

ABRÉVIATION :

C. S. Constructions souterraines

Echelle de 0 m. 001 pour 5 mètres.

Toutes les constructions restées debout se rencontrent sur le mur d'enceinte de la ville. Ce mur possède encore sur toute son étendue une hauteur de plus d'un mètre; j'ai pu le relever à la planchette et sa forme parfaitement régulière est indiquée sur le croquis ci-joint.

Larès était entouré d'un mur ayant la forme d'un trapèze isocèle, la grande base de ce trapèze était si peu différente de la petite que la fortification se rapprochait beaucoup d'un carré. Sur cette grande base et presque en son milieu devait se trouver la porte principale de la ville; cette porte était défendue par deux tours quadrangulaires dont on voit les ruines.

Sur chacune des faces de l'Oppidum sont encore les ruines d'autres tours carrées. A chaque angle se trouvait une tour circulaire.

Des ruines de Larès l'on ne remarque plus aujourd'hui que quelques tours et un vaste édifice que M. Guérin croit avoir été une basilique chrétienne transformée plus tard en mosquée.

Le mur d'enceinte de la ville et les tours sont construits avec les matériaux les plus disparates, l'on y remarque des blocs présentant des fragments d'inscriptions, des pierres tumulaires, des corniches, des briques, etc.

Tout cela permet de supposer que les fortifications de Larès ayant été détruites une première fois, ont été relevées à la hâte en mettant en usage les matériaux les plus divers.

Le nom de la ville étant donné jusqu'ici par l'inscription ci-après que cite M. Guérin et qui se trouve encastrée dans un pan de mur de l'une des tours.

DIVO
ANTONINO
CAESARI
COLONIA
AELIA .
AVG. LARES

En suivant le mur d'enceinte j'ai découvert, encastrée dans ce mur, l'inscription suivante qui paraît donner également le nom de la ville.

Le bloc sur lequel se lit cette inscription a été taillé et la lettre L qui devait sans doute se trouver en avant des quatre lettres ARES a été enlevée. Les caractères ont une longueur de 0ᵐ 06, la plus grande largeur de la pierre est de 0m 35, et sa longueur 0m 25 environ. On rencontre ce bloc du côté intérieur du mur d'enceinte.

On trouve à Larès un assez grand nombre de colonnes milliaires; trois sont données par M. Guérin, sous les n°ˢ 267, 268 et 269 (1). L'inscription donnée pour l'une d'elles doit être complétée par l'indication de la distance que l'on peut lire encore, bien que les caractères, en soient très effacés. Elle serait alors la suivante :

```
DIVI NERVAE NEPO .
DIVI TRAIANI PA . . . . . .
TRAIANVS HADRIANVS
AVG PONT MAX TRIB
POT VIII COS III
VIAM A KARTHAGINE
THEVESTE . . . . . . . . . . .
. . . . . . . . . . . . . . . . . . . .
. . . . G. . . . . . . . . . . . . . .
. . . . . . . . . . . . . . . . . . . .
              C X X
```

La pierre ayant été rongée par le temps tous les caractères de cette partie de l'inscription ont disparu.

---

(1). Voyage archéologique, II vol. page 75.

M. Guérin donne dans la copie de cette inscription :

$$\text{POT . }\overline{\text{VII}}$$

j'ai cru lire POT.VIII (8ᵉ puissance tribunitienne).
M. Guérin donne également :

$$\overline{\text{CXXVI}}$$

comme distance pour la borne milliaire suivante indiquée dans son ouvrage sous le nº 267 (page 74, 2ᵉ volume)

IMPCAES
MAVRELIVS
ANTONINVS PIVS
FELIX AVGVSTVS
PARTHIC MAXBRIT
TRIBVNIC POTES
$\overline{\text{XVIIII}}$ COS IIII
PATER PATRIAE
RESTITVIT
$\overline{\text{CXVI}}$

L'inscription que j'ai relevée n'indique que :

$$\overline{\text{CXVI}}$$

Cette distance serait dès lors parfaitement en rapport avec la table de Peutinger, qui donne comme distance 117 milles entre Carthage et Larès.

— 45 —

Dans un massif de cactus que j'ai fait abattre, j'ai rencontré un fragment d'inscription milliaire, malheureusement très effacée et donnant également le chiffre CXVI.

Voici cette inscription :

```
        ET AVG . . H
        ILIPP . . ILIS
        IM . . . . . . RIN
        CEPS . . . . . TVTIS
        ET MARC . . . . . A
        . . . . S . . . . C O
        . X . . . . . . R S E
        N A P . . . . . . . . . .
          ORVMP . . V
        ERVNT
           C̅X̅V̅I̅
```

Il y a lieu de remarquer dans cette inscription l'appellation peu commune de *princeps juventutis*.

Les caractères ont une longueur de 0ᵐ 09 et l'indication milliaire C̅X̅V̅I̅ a 0ᵐ 105.

L'inscription ci-après dont les caractères ont 0ᵐ 072, est encastrée profondément dans le mur d'enceinte; ne possédant pas d'outils de démolition, je n'ai pu en lire qu'une partie :

```
    IR · E
    NI · PE
     · E · FLAM
    X · HSC
     SCOP
```

On rencontre à Larès un assez grand nombre d'inscriptions tumulaires; presque toutes sont données par le *Corpus* cependant je ne suppose pas que l'inscription suivante, d'ailleurs très effacée, le soit :

```
ANT . . . . . .
TORIS . . . . . .
GVRIS . . . . . .
PIAVIXITAN
NISLXXXHSE
```

J'ai rencontré, en outre, une assez grande quantité d'autres inscriptions qui figurent également dans le *Corpus*.

A Lorbeuss, est un puits romain parfaitement conservé.

HENCHIR DE SIDI-BOU-BAKER

Sur la route du Kef à Bir-bou-Hambeul on trouve l'inscription suivante :

DMS	DMS
ARIS	IVLIAPV
BIBO	BLICAVI
NIS	XITANIS (sic)
VIXIT	......
ANNIS	
LXI	

Cette inscription est encastrée dans l'un des murs de la Kouba de Sidi-bou-Baker. Dans les environs sont des ruines de peu d'importance.

Parmi les autres henchirs que j'ai pu visiter quelques-uns ont été tellement parcourus qu'il m'est, je crois, inutile d'en parler. *Mateur*, par exemple, et *le Kef* renferment un nombre d'inscriptions, fort grand, mais ces inscriptions sont connues déjà, soit par l'ouvrage de M. Guérin, soit surtout à la suite des découvertes faites par M. Roy, par M. le Général d'Aubigny et M. le Colonel de Laroque.

Dans le Sud de la Régence, sur la route de Gabès à Gafsa, sont d'abord, près de Gabès, les ruines de Tacape, dont je ne parlerai pas non plus. Après avoir franchi l'oued Gabès, en se dirigeant du camp de Ras-el-Oued vers Oudref, on a découvert une colonne milliaire en creusant une tranchée pour le tir des bataillons du camp.

Tout près de *Mehamla*, sur une ligne de petites hauteurs sont des ruines assez importantes qui paraissent appartenir à un poste militaire.

En visitant ces ruines, je découvris au mois de septembre dernier, près d'un mausolée, une pierre assez grossièrement sculptée.

Sur cette pierre est représenté un cavalier romain suivant un chien qui lui-même poursuit un lièvre.

TABLE DES MATIÈRES

	Pages.
Henchir Zanfour	10
» Hammam Zouakra	12
» Meded	14
» Guern el Haffei	15
» de la Zaouia Sidi Ali ben Amar	18
» Madjouba	19
» Mdeïna	23
» Fortunat	30
» Hanèche	33
» el Haëria	34
» Touit	35
» Kseur el Abmeur	37
» Zouitine	37
» Lorbeuss (op. Lares)	39
» Si bou Baker	47
» Macteur	48
» le Kef	48
» Mehamla	48

www.ingramcontent.com/pod-product-compliance
Lightning Source LLC
LaVergne TN
LVHW021703080426
835510LV00011B/1552